MARAGE

DOCTEUR EN MÉDECINE
ET
DOCTEUR ÈS SCIENCES

Théorie

de la

Formation des Voyelles

Avec 43 figures

*Une voyelle est une vibration
aéro-laryngienne intermittente.....*

Chez l'Auteur, 14, rue Duphot, Paris.

THÉORIE

DE

LA FORMATION DES VOYELLES

Ce travail est le résumé des expériences que j'ai faites depuis cinq ans; les résultats en ont déjà été publiés; je tiens aujourd'hui à réunir toutes ces recherches, en ne citant que les principales et en renvoyant, pour le détail, aux brochures précédentes. (Voir à la fin.)

Ce travail comprendra six parties :
1° Disposition de l'appareil vocal;
2° Théories de Helmholtz, de Hermann et de Guillemin;
3° Expériences avec la méthode graphique ;
4° Synthèse des voyelles, théorie de leur formation;
5° Concordance de cette théorie avec la disposition anatomique du larynx et de l'oreille;
6° Applications.

I

DISPOSITION DE L'APPAREIL VOCAL

L'appareil vocal est formé de deux parties : le larynx et les résonnateurs supra-laryngiens.

1° Le *larynx* peut être considéré comme un conduit traversé par un courant d'air sous une pression variable (3 à 16 centimètres d'eau).

Pendant la phonation, ce courant est interrompu plus ou moins complètement par les cordes vocales inférieures;

2° Les *résonnateurs supra-laryngiens* sont formés du pharynx, du nez et de la cavité buccale ; cette dernière peut prendre une infinité de formes différentes et *renforcer tous les sons* compris dans quatre octaves, de $si\flat_2$ à $si\flat_6$.

En résumé, l'appareil vocal se compose essentiellement d'un conduit permettant un écoulement d'air intermittent à travers des résonnateurs donnant des notes de $si\flat_2$ à $si\flat_6$.

Ceci posé, nous allons passer en revue les théories qui ont été émises sur la formation des voyelles.

Elles sont au nombre de trois principales : celle de Helmholtz, qui est classique; celle de M. Hermann, qui n'est que celle de Helmholtz modifiée de manière à s'adapter aux expériences les plus récentes ; enfin la théorie des cyclones du Dr Guillemin.

II

THÉORIES DE HELMHOLTZ, DE HERMANN ET DE GUILLEMIN

1° **Théorie de Helmholtz.** — La théorie de Helmholtz est la suivante : les cordes vocales agissent comme des anches membraneuses, qui, en vibrant, donnent une note fondamentale accompagnée d'une infinité d'harmoniques ; lorsqu'on parle ou qu'on chante, les cavités supra-laryngiennes prennent une forme déterminée et constante pour chaque voyelle ; à cette forme correspond une note et une seule ; cette note, se trouvant dans la série des harmoniques du larynx, est renforcée : c'est *la vocable ;* la réunion de la note fondamentale laryngienne avec la vocable supra-laryngienne constitue la voyelle.

Il en résulte ceci :

1° Chaque note laryngienne est accompagnée d'une infinité d'harmoniques ;

2° Chaque voyelle a une vocable fixe, toujours en rapport harmonique avec la note laryngienne ;

3° La réunion de la note avec la vocable constitue la voyelle.

Cette théorie, remarquable par sa simplicité, s'appuie sur des expériences d'analyse et sur des expériences de synthèse.

Expériences d'analyse. — Elles portent sur les cordes vocales et sur les résonnateurs supra-laryngiens.

a) Helmholtz, qui était doué d'une oreille merveilleuse, distinguait les différents harmoniques qui constituent une voyelle ; il est vrai d'ajouter qu'il y a un nombre infini de musiciens qui ne les ont jamais entendus et rejettent absolument ce fait ;

b) On a cherché la note (vocable) correspondant au résonnateur buccal prononçant la voyelle ; les méthodes ont été différentes et les résultats, peu concordants, sont renfermés dans le tableau suivant.

	MÉTHODE	OU	O	A	É	I
Donders	*Écoutait* la voyelle chuchotée.	fa_3	$ré^3$	si^b_3	ut_5	fa_4
Auerbach	*Écoutait* le son rendu par le larynx frappé avec le doigt, la bouche venant de prononcer la voyelle.	fa_2	la_3	fa_4	la^b_4	fa_5
Helmholtz	*Écoutait* le son de la voyelle renforcé par le résonnateur.	$fa_2, ré_6$	si^b_3	si^b_4	fa_5, si^b_5	$fa_2, ré_6$
Kœnig	*Écoutait* le renforcement d'un diapason vibrant en avant de la bouche venant de prononcer la voyelle.	si^b_2	$si^b 3$	si^b_4	si^b_5	si^b_6
Bourseul	*Écoutait* le son rendu par les dents frappées avec le doigt, la bouche venant de prononcer la voyelle.	ut_4	sol_3	mi_2	fa_3	?
Hermann	Méthode graphique.	$ut_4, ré_4$	$ré_4, mi_4$	sol_4	si_5, ut_6	$ré_6, sol_6$

Ces différences tendraient à confirmer ce fait d'expérience que, pour prononcer une même voyelle, la bouche peut prendre une infinité de formes différentes ; comme nous le verrons plus loin, il y a une relation absolue entre la forme de la cavité buccale et la note laryngienne.

Expériences de synthèse. — *a*) Helmholtz a construit des cordes vocales en baudruche; ces anches membraneuses, entre lesquelles on laisse une fente très étroite, font parfaitement vibrer des tuyaux sonores; cette expérience est intéressante, car elle prouve que, même si les cordes vocales étaient inertes, le fait seul du passage de l'air suffirait à produire des vibrations.

b) Helmholtz a fait vibrer les résonnateurs correspondant aux voyelles au moyen de diapasons à anches, et il a ainsi pu reproduire les voyelles OU, O, A, à peu près, É, I, jamais.

Les diapasons représentaient le larynx; les résonnateurs, les cavités supra-laryngiennes.

Cette non-réussite pour É et I tendrait à prouver que ces voyelles ne suivent pas la théorie de Helmholtz.

Si la théorie si simple de Helmholtz était vraie, on aurait dû pouvoir facilement reproduire les voyelles en combinant la vocable et la note fondamentale; or il n'en est rien.

On a pu, à la rigueur, obtenir OU, O, A, et encore ces deux dernières voyelles sont assez mauvaises; mais É et I n'ont jamais été reconstitués.

On peut donc en conclure que les conditions posées par Helmholtz, pour faire une voyelle, sont peut-être nécessaires, mais qu'elles ne sont sûrement pas suffisantes; nous allons voir, de plus, que cette théorie est en contradiction formelle avec les expériences graphiques qui démontrent, d'une façon absolument évidente, que la vocable n'est pas fixe, c'est-à-dire que la cavité buccale peut prendre une infinité de formes différentes pour faire une même voyelle.

2° **Théorie de Hermann.** — La théorie de Hermann, ou théorie des formants, s'énonce de la façon suivante : « La voyelle est un ton oral intermittent et oscillant. Si l'intermittence a lieu n fois par seconde, la voyelle est émise sur la note n. »

Voyons les expériences qui ont conduit à cet énoncé.

Hermann inscrit les sons sur le phonographe; puis, pour s'assurer que le tracé est bon, il fait reproduire par la plaque répétitrice ce qui a été impressionné.

Il s'agit ensuite de transformer en courbes les tracés en creux. Pour cela il remplace la plaque de verre par un miroir qui, au moyen d'un levier, suit toutes les ondulations du tracé. Le cylindre tourne très lentement (400 fois moins vite qu'au moment de l'inscription).

On reçoit sur le miroir l'image d'une fente lumineuse horizontale; après réflexion les rayons viennent tomber sur une fente verticale derrière laquelle passe d'un mouvement continu du papier photographique; on obtient ainsi des courbes qui sont étudiées au moyen de la série de Fourier, et, par une méthode très curieuse et très rapide, Hermann retrouve les sinusoïdes qui ont constitué la courbe.

Les résultats sont les suivants :

1° La vocable n'est pas fixe pour une même voyelle, elle oscille entre certaines notes;

	OU	O	A	É	I
1res recherches Hermann.	ut_4, $ré_4$	$ré_4$, mi_4	mi_4, sol_4	si_5, ut_6	$ré_6$, sol_6
2es recherches Hermann.	ut_3, fa_3 $ré_3$, mi_4	ut_4, $ré_4$	ut_4, sol_4	$ré_4$, mi_4 la_5, $ré_6$	mi_6, fa_6
3es recherches Hermann.	ut_4, fa_4	ut_4, mi_4	ut_4, sol_4	$ré_4$, mi_4 la_5, si_5	$ré_6$, sol_6
Recherches de Samojloff (élève de Hermann).	ut_3, sol_3 ut_4, mi_4	si_3, $ré_4$	sol_4, la_4	si_3, $ré_4$ si_5, $ré_5$	ut_4, mi_4 ut_3, sol_3? $ré_6$, mi_6

2° Les nombres trouvés pour les vocables sont beaucoup *plus élevés* que ceux qui avaient été admis jusqu'ici.

Il en résulte la théorie que j'ai énoncée plus haut : la voyelle est un ton oral intermittent et oscillant.

Examinons si cette théorie doit être admise. Je ne le crois pas, car on peut lui faire plusieurs objections très sérieuses.

Première objection. — On ne peut accorder aux courbes une confiance absolue, parce que l'embouchure, le tube, la chambre à air et la plaque vibrante ont modifié plus ou moins les vibrations sorties de la bouche; le phonographe parle, c'est vrai, mais il parle en dénaturant la voix; je le démontrerai plus loin.

Deuxième objection. — On n'a pas le droit, au point de vue acoustique, d'appliquer à ces courbes la série de Fourier ; c'est supposer, en effet, que les voyelles sont constituées par des sons simples sinusoïdaux superposés, dérivant d'une même période, or c'est précisément ce que l'on cherche : c'est donc une pétition de principe. Si, au point de vue mathématique, cette méthode est irréprochable, au point de vue voyelles on n'en saurait dire autant.

C'est absolument l'opinion de M. Cornu, professeur à l'École polytechnique.

Troisième objection. — Enfin, si l'hypothèse de Hermann était vraie, il aurait dû pouvoir reconstituer les voyelles, puisqu'il avait trouvé tous les sons simples qui les composaient ; or les expériences de synthèse de Hermann sont loin d'avoir donné de meilleurs résultats que celles de Helmholtz.

3° **Théorie de Guillemin.** — Je veux dire quelques mots de la théorie du Dr Guillemin, professeur à l'École de Médecine d'Alger. Cette théorie n'est, du reste, appuyée sur aucune expérience directe. La voici : les voyelles sont constituées par des cyclones qui se produisent dans les cavités supra-laryngiennes.

Le Dr Guillemin décrit les expériences qu'a faites le P. Lootens avec les instruments à bouche de flûte ; et, par analogie, il conclut que les ventricules de Morgagni sont des appeaux et que les sons s'y trouvent engendrés de la même façon.

Or il est certain, et mes expériences l'ont prouvé, que les cavités supra-laryngiennes sont parcourues par des cyclones au moment de la phonation ; on les voit parfaitement ; mais, comme on peut supprimer ces cyclones sans rien changer à la voyelle et à son tracé, on est en droit de conclure que, si les cyclones accompagnent la voyelle, ils ne la forment pas.

III

EXPÉRIENCES AVEC LA MÉTHODE GRAPHIQUE

Appareils. — Tous les appareils peuvent se ramener au type suivant (*fig.* 1) : un tambour inscripteur muni d'une membrane ou d'une plaque vibrante. Du côté de l'observateur se trouve une chambre à air, un tube plus ou moins long et une embouchure de forme variable ; de l'autre côté de la plaque vibrante se trouve : 1° soit un levier muni d'une plume inscrivant sur du papier ou sur du verre recouvert de noir de fumée : c'est un appareil graphique ordinaire ; 2° soit un miroir recevant un rayon lumineux qui, après réflexion, est photographié sur une plaque mobile (*fig.* 2, II) : c'est l'appareil précédent, dont le levier est un rayon lumineux ; 3° soit une pointe pouvant pénétrer plus ou moins dans un cylindre de cire : c'est un phonographe (*fig.* 2, III); 4° soit une masse de gaz combustible et photogénique dont la flamme est photographiée sur une feuille de papier mobile contenue dans un appareil de M. Marey, qui est un cinématographe sans arrêt : c'est une capsule manométrique (*fig.* 2, IV).

Tous ces instruments sont donc composés des mêmes éléments : une embouchure, un tube, une plaque vibrante et un levier.

Avant de faire les expériences de recherches, nous allons d'abord vérifier nos appareils, c'est-à-dire examiner l'influence des différentes parties.

1° *Influence de l'embouchure.* — Les embouchures à parois courbes transforment tous les groupements ; donc il faut les supprimer (*fig.* 3, 4, 5, 6, 7).

2° *Influence du tube.* — Le tube est un véritable tuyau sonore qui transforme les groupements dans leur forme et dans leur nombre (*fig.* 8).

3° *Influence de la plaque.* — Une plaque mince a une vibration propre qui varie avec sa nature et la façon dont elle est fixée ; au contraire, Cauro a démontré dans sa thèse inaugurale (Sorbonne, 1899) qu'une membrane de caoutchouc mince et non tendue transmet toutes les vibrations sans introduire ni supprimer aucun harmonique. Donc il faut prendre une membrane de caoutchouc.

4° *Influence du levier.* — Si le levier n'est pas infiniment court, il vibre pour son propre compte et transforme tous les tracés ; l'idéal serait donc un rayon lumineux (*fig.* 9, 10, 11).

Conséquence. — Les appareils, pour donner des résultats satisfaisants doivent donc être très simplifiés ; et, dans ces conditions, un appareil graphique, un phonographe ou une capsule manométrique doivent toujours donner des résultats comparables entre eux.

Appareils présentant ces conditions. — 1° *Appareil de Schneebeli.* — L'appareil de Schneebeli se compose d'une embouchure curviligne (mauvais) et d'une membrane (*fig.* 12). — Le levier, du premier genre, est fixé au moyen d'un léger ressort perpendiculaire à son axe ; c'est le point fixe qui tend à le faire revenir à sa position d'équilibre ;

2° *L'appareil de Samojloff* est celui de Schneebeli dans lequel l'embouchure est à parois rectilignes, comme je l'avais indiqué auparavant ; la plaque vibrante est en liège (il faudrait la remplacer par une membrane de caoutchouc) et le levier est remplacé par un rayon lumineux tombant sur un miroir qui suit tous les mouvements de la plaque ;

3° *Appareil à ressort aérien.* — L'appareil que j'ai fait construire se compose d'une membrane de caoutchouc non tendue, au centre de laquelle s'appuie la petite branche d'un levier du troisième genre, qui ne porte qu'une articulation, son point fixe (*fig.* 13) ; au-dessus de la puissance est collée une petite surface plane en papier sur laquelle on fait arriver un courant d'air sous une pression constante (1 centimètre d'eau) ; cela suffit pour forcer le levier à suivre tous les mouvements de la membrane.

Je me suis assuré d'abord que le courant d'air ne modifiait en rien les résultats [1].

4° *Capsule manométrique.* — L'appareil est parcouru par de l'acétylène s'échappant sous une pression de 1 centimètre d'eau. Au dessus se trouve une autre capsule vibrant, par l'intermédiaire d'un tambour de Marey, à l'unisson avec un diapason électrique au $\frac{1}{54}$ de seconde : c'est la flamme chronométrique (*fig.* 3, IV).

Les deux flammes sont photographiées au moyen d'un chronophotographe de Marey à mouvement continu.

REMARQUE. — Tout tracé doit être accompagné de la notion du temps ; pour les appareils graphiques ordinaires ou les phonographes, on peut se contenter de noter une fois pour toutes la vitesse du cylindre sur lequel on inscrit.

Expériences. — *Première expérience.* — Un diapason ordinaire à branches n'inscrit jamais rien directement par l'air : donc nos instruments sont infiniment moins sensibles que l'oreille et les microphones.

---

[1] De plus, il y avait une disposition spéciale me permettant de noter le temps $\left(\frac{1}{54} \text{ de seconde, dans mes expériences}\right)$.

Deuxième expérience. — Un diapason à bouche, c'est-à-dire la petite anche métallique dont se servent les musiciens, inscrit une sinusoïde ; on retrouve toujours exactement la note (*fig.* 15 et 16).

Donc nos appareils inscrivent la hauteur du son, mais ils n'inscrivent pas tous les détails spéciaux qui permettent à l'oreille de distinguer un diapason à anche d'un diapason ordinaire.

Nous pouvons déjà en conclure que les phonographes ne reproduisent pas tout ; il est, en effet, impossible de reconnaître le timbre de voix spécial à chaque personne.

Troisième expérience. — On parle devant la membrane pour obtenir un graphique ; il faut se placer très près de l'appareil, car, si la membrane transmet toutes les vibrations, elle diminue beaucoup leur intensité ; c'est pour cela, du reste, que la plupart des expérimentateurs se servent d'une embouchure qui isole complètement l'orifice buccal du milieu extérieur ; j'ai dit plus haut les inconvénients de cette méthode.

Quatrième expérience. — Le microphone est beaucoup plus sensible, car on peut l'impressionner en se plaçant à plusieurs mètres de distance ; en effet les déplacements de la plaque du phonographe sont de l'ordre du $\frac{1}{10}$ de millimètre, tandis que ceux de la plaque du microphone sont de l'ordre d'une fraction de micron (Cauro).

Cinquième expérience. — Division des voyelles. — On chante les voyelles sur différentes notes, on obtient les résultats suivants :

Sur les notes voisines de ut_3 (environ quatre notes au-dessus ou au-dessous de ut_3), on a des tracés très simples, caractéristiques de chaque voyelle : c'est la voyelle parlée (*fig.* 17 et 18) ; aussitôt que l'on s'écarte de ces notes, les groupes disparaissent rapidement, et, dans tous les cas, ils se transforment énormément à chaque note.

La note est toujours représentée par le nombre de groupes. On peut donc diviser, comme je l'ai fait, les voyelles en voyelles parlées et voyelles chantées, les premières ayant seules des groupements caractéristiques.

Les figures 18, 19, 20, 21, 23, empruntées aux travaux de Schneebeli, de Hermann, de Samojloff, et aux miens, marquent nettement ces différences.

Donc il faut étudier d'abord ce qu'il y a de plus simple : les voyelles parlées.

Sixième expérience. — *Classification des voyelles parlées.* — Avec les flammes manométriques on ne peut dire qu'une chose : c'est qu'il y a des voyelles à une flamme, à deux flammes et à trois flammes (*fig.* 17).

Ces résultats sont les mêmes si, au lieu de prendre une capsule manométrique, on prend, comme l'a fait Samojloff, l'oreille moyenne d'un chien et le tympan comme membrane (*fig.* 22).

Nous verrons plus loin ce procédé.

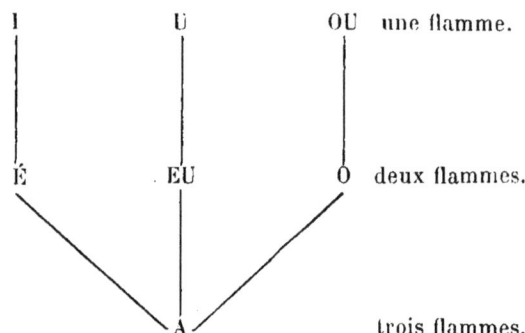

Cette classification s'applique également aux tracés que j'ai obtenus avec le phonographe et avec l'appareil à pression d'air ; les tracés de Schneebeli sont identiques (*fig.* 23).

Septième expérience. — *Voyelles parlées instantanées.* — Je n'ai obtenu de bons tracés dont je sois absolument sûr qu'avec les flammes manométriques ; on prononçait de suite les voyelles I, É, A ; U, EU, A ; OU, O, A, sans arrêt, aussi vite et aussi nettement que possible et en faisant passer à toute vitesse la feuille de papier photographique derrière l'objectif. J'indiquerai quelques résultats pour un expérimentateur.

I dure $\frac{1}{54}$ de seconde et est émis sur une note voisine de si_3 ;

É dure $\frac{2}{54}$ de seconde et sa note est la_3 ;

A dure $\frac{4}{54}$ de seconde et sa note est sol_3.

Entre É et A, il n'y a pas d'intervalle appréciable, les vibrations continuent et passent du groupement à deux flammes au groupement à trois flammes, sans interruption ; à la fin de A, les groupements disparaissent peu à peu, et les vibrations continuent pendant $\frac{3}{54}$ de seconde ; ensuite il y a $\frac{11}{54}$ de repos.

Les voyelles ont été inscrites dans l'ordre suivant : É, A d'un groupe, I du groupe suivant.

É dure $\frac{2}{54}$ de seconde note la$_3$ (868)	intervalle 0	A dure $\frac{4}{54}$ de seconde note sol$_3$ (756)	$\frac{3}{54}$ de seconde de vibrations sans groupements	$\frac{11}{54}$ de seconde de repos absolu	I dure $\frac{9}{54}$ de seconde note si$_3$ (972)

En tout, $\frac{29}{54}$ de seconde, un peu plus d'une demi-seconde. Ces nombres changent avec chaque voix et chaque expérimentateur.

Huitième expérience. — *Une voyelle seule instantanée.* — Les groupements n'apparaissent qu'au milieu du tracé ; aux deux extrémités, les vibrations sont simples et apparaissent peu à peu : c'est la forme en fuseau. Pour A, par exemple, il y a douze groupements de trois vibrations.

Neuvième expérience. — *Voyelles chantées.* — Le groupe d'une même voyelle varie à chaque note et avec chaque expérimentateur ; cela tient, comme je le prouverai plus loin, à ce que la voyelle est mal émise, c'est-à-dire que la cavité buccale n'a pas la position voulue (*fig.* 19).

Les notes étudiées par Hermann varient de sol_1 à ut_3 ; ce sont donc des notes très basses ; il en est de même des notes données par Samojloff, qui vont de sol_1 à mi_3 (*fig.* 20).

Les expériences que j'ai faites ont porté sur les voix d'homme aussi bien que sur les voix de femme (soprani) ; je n'ai obtenu des groupements que très rarement, mais la note se retrouvait toujours exactement. Je me trouve donc en contradiction avec Hermann, au moins dans les notes graves, puisqu'il ne s'est pas occupé des notes supérieures à ut_3.

Dixième expérience. — *Vocables.* — Hermann, trouvant toujours dans les voyelles chantées une courbe périodique continue, *courbe qui variait avec chaque voyelle et avec chaque note*, a appliqué la série de Fourier ; il a ainsi trouvé pour la vocable des notes très différentes de celles des autres expérimentateurs dans ses premières recherches, moins différentes dans les dernières (Voir le tableau, p. 5). Les résultats de M. Samojloff sont évidemment meilleurs que ceux de M. Hermann, car son appareil a supprimé des causes d'erreur, par conséquent des vibrations accessoires ; ce qui le prouve, c'est que ses vocables sont toutes des notes plus basses que celles trouvées par Hermann.

On peut conclure que la vocable varie et n'est pas fatalement un harmonique de la note fondamentale ; donc la théorie de Helmholtz est en contradiction avec les expériences graphiques.

Résumé des résultats obtenus par les méthodes graphiques

1° Les différences considérables entre les divers expérimentateurs tiennent aux causes d'erreur que présentent les différents appareils ;

2° Si on supprime ces causes d'erreurs, on voit que chaque voyelle a, *pour une note donnée*, un même tracé ;

3° Ce tracé est une courbe périodique continue, le nombre de périodes à la seconde forme la note laryngienne ; la forme de la période caractérise la voyelle ;

4° Dans une même voyelle, la période change avec la note ; lorsque cette note est voisine des notes ordinaires sur lesquelles on parle, la période varie peu (à peu près une octave dont ut_3 serait le milieu) ; il n'en est pas de même lorsque la voyelle est chantée sur des notes graves ou aiguës : la période disparaît peu à peu, et on ne retrouve plus que la note laryngienne. Nous donnerons dans les applications (p. 21) l'explication de cette transformation du tracé d'une même voyelle avec la note sur laquelle elle est chantée ;

5° Pour une même voyelle parlée sur une certaine note, le meilleur tracé est évidemment le plus simple, pourvu qu'il reproduise la voyelle.

Or, si on impressionne un phonographe en supprimant les causes d'erreur (*fig.* 14), on trouve un tracé aussi simple que ceux qui ont été décrits plus haut, et l'appareil répète la voyelle très nettement ;

si on transforme le tracé en courbe, on obtient les mêmes groupements que ceux qu'a donnés directement la voix naturelle (*fig.* 24, 25, 26, 27).

Il semble donc bien que ces tracés si simples soient les meilleurs et contiennent tous les éléments et les seuls éléments de la voyelle ; pour avoir une certitude absolue, nous allons faire la synthèse.

Expériences de synthèse. — Si réellement, par l'analyse précédente, on a trouvé tous les éléments d'une voyelle, on doit pouvoir la reconstituer ; nous avons vu que les expériences de Helmholtz avaient donné des résultats plutôt médiocres pour OU, O, A, et nuls pour É et I ; voyons si les autres expérimentateurs ont été plus heureux.

MÉTHODE DE KŒNIG. — Kœnig a essayé de reconstituer les voyelles au moyen de la sirène à ondes, en faisant arriver un courant d'air sur les bords d'un disque découpé suivant le tracé de ses flammes manométriques (*fig.* 28).

Les résultats ne sont pas très bons, et, si on ne savait pas d'avance ce que l'on doit entendre, il serait impossible de distinguer un O d'un A.

MÉTHODE DE HERMANN. — M. Hermann, ayant fait l'analyse de ses courbes par le procédé que nous avons vu plus haut, a voulu faire la synthèse des voyelles, mais les résultats ne sont guère meilleurs que ceux de ses prédécesseurs : OU, O, A ont pu être reproduits *à la rigueur*, mais les autres voyelles ont refusé énergiquement de sortir.

Il semble donc que l'hypothèse de Hermann ne saurait être admise ; les voyelles ne sont pas constituées par des sons simples sinusoïdaux combinés ensemble.

SYNTHÈSE DES VOYELLES. — J'ai cherché également à faire la synthèse des voyelles ; pour cela, j'ai décomposé l'appareil phonateur en ses éléments : bouche, ventricules de Morgagni, larynx, et j'ai alors institué les expériences suivantes :

Principe. — Non seulement la voyelle devait être reconnue par une oreille quelconque, mais encore cette voyelle devait redonner un tracé identique à celui des voyelles naturelles. J'avais donc commencé par obtenir des tracés aussi exacts que possible, c'est-à-dire des tracés redonnant la voyelle ; j'employais un phonographe Lioret impressionné en supprimant les causes d'erreurs (*fig.* 24, 25, 26, 27) ; le phonographe répétait très nettement la voyelle parlée, il s'agissait d'obtenir les mêmes tracés avec des voyelles artificielles (*fig.* 24 à 27). J'ai employé deux méthodes.

PREMIÈRE MÉTHODE. — SYNTHÈSE AVEC DES RÉSONNATEURS [1]. — *Première expérience*. — Tout transport d'air, continu ou discontinu, c'est-à-dire sourd ou sonore, produit, dans une cavité, des cyclones de Lootens.

Pour le prouver, il suffit de remplir de fumée un résonnateur en verre $si\flat_3$; par exemple : si l'on souffle, on voit les cyclones se produire, soit qu'on opère avec un simple tube, soit que l'air insufflé devienne sonore en passant à travers un diapason à anche, donnant une *note quelconque*.

Les cyclones sont dus simplement à l'écoulement rapide de l'air dans une cavité ; ils n'ont aucune influence sur la production de la voyelle, car on peut les supprimer sans rien changer ni au tracé de la voyelle, ni à l'impression qu'elle produit sur l'oreille.

Deuxième expérience. — Si, comme nous l'avons vu, il y a une vocable pour chaque voyelle, c'est-à-dire une note correspondant à la forme des résonnateurs supra-laryngiens, on doit reproduire la voyelle en faisant vibrer le résonnateur correspondant au moyen d'un courant d'air traversant un diapason à anche, qui représente le larynx. Alors deux cas se présentent : ou la vocable est fixe, comme l'a dit Helmholtz ; alors on entendra la voyelle avec toutes les notes ; ou, comme je l'ai dit, la vocable est fonction de la note, et pour A, par exemple, dont la vocable serait $si\flat_4$, le meilleur A sera celui qui sera prononcé sur le troisième sous-harmonique, c'est-à-dire $\frac{si\flat_4}{3}$ ou une note voisine de mi_3. C'est la deuxième hypothèse qui est la vraie.

Avec les notes basses on entend AN ; le meilleur A est sur une note voisine de mi_3, et, quand on arrive à la quatrième octave, on n'entend plus que la note (chose importante pour la diction des chanteurs). Pour OU et O, on obtiendrait des résultats analogues : le meilleur O est le deuxième sous-harmonique de $si\flat_3$; le meilleur OU est donné sur une note voisine de $si\flat_2$.

On peut faire vibrer le résonnateur sur une note quelconque, même discordante avec lui : la note du diapason n'est jamais changée.

Troisième expérience. — L'on interpose entre le diapason et le

[1] Note à l'Académie des Sciences, 13 mars 1899.

résonnateur une membrane de caoutchouc, non tendue, qui transmet toutes les vibrations, mais empêche le passage de l'air; la voyelle perd beaucoup de son intensité, mais elle est encore perçue par l'oreille.

Quatrième expérience. — Si l'on prend les tracés des voyelles synthétiques ainsi obtenues, on obtient toujours pour le diapason une sinusoïde et pour les vibrations du diapason qui ont traversé le résonnateur un groupe de trois pour A, de deux pour O, de une pour OU, la note étant représentée par le nombre de groupes : les tracés des voyelles synthétiques sont donc identiques aux tracés des voyelles ordinaires (*fig*. 29).

Conclusion. — Il est donc très facile d'obtenir les voyelles OU, O, A, avec un résonnateur quelconque que l'on met en vibration au moyen d'une série de diapasons à anche donnant différentes notes; c'est, somme toute, une petite trompette dont le pavillon est le résonnateur.

Malheureusement il m'a été absolument impossible d'obtenir par ce procédé É et I; peut-être cela tenait-il à ce fait que mes diapasons ne donnaient pas de note supérieure à mi_4? En tout cas, d'autres expériences étaient nécessaires.

DEUXIÈME MÉTHODE. — EXPÉRIENCE AVEC UNE SIRÈNE. — Il s'agit de prouver maintenant d'une façon indiscutable que les tracés si simples que j'ai obtenus par les méthodes précédentes sont exacts ; pour cela, il faut faire la synthèse des voyelles en s'appuyant uniquement sur mes résultats.

J'ai décomposé l'appareil vocal en ses éléments : bouche, pharynx, ventricules de Morgagni, cordes vocales inférieures, et j'ai cherché le rôle de chacun d'eux dans la formation de la parole.

a) *Bouche*[1]. — J'ai pu arriver, grâce à l'aide de mon confrère M. Roussel, à mouler l'intérieur complet de la cavité buccale en lui conservant la forme qu'elle prend lorsqu'on prononce la voyelle (*fig*. 30).

Si l'on fait arriver dans ce résonnateur un courant d'air continu sous une pression assez faible (7 centimètres d'eau), on retrouve immédiatement le timbre de la voyelle chuchotée correspondante.

De plus, on détermine la note rendue soit à l'oreille, soit, ce qui est plus précis, en faisant arriver l'air qui a traversé le résonnateur

[1] Société de Biologie, 25 novembre 1899.

sur la membrane d'une capsule manométrique dont on photographie la flamme suivant la méthode ordinaire. Les résultats sont les suivants :

	OU	O	A	É	I
1ᵉʳ moulage.....	ré$_3$	fa$_3$	sol$_3$	si$_3$	ré$_4$
2ᵉ moulage.....	si$_2$	sol$_3$	la$_3$	ut$_4$	si$_3$

Les notes se rapprochent beaucoup de celles trouvées par Lefort ; on voit qu'elles ne sont pas constantes, puisqu'avec d'autres moulages faits dans les mêmes conditions on a obtenu des notes différentes, et cependant le courant d'air continu reproduit toujours la voyelle chuchotée. Ceci confirme le résultat énoncé par moi, à savoir que la voyelle, c'est-à-dire la note produite par le résonnateur buccal, est variable pour une même voyelle et un même sujet. Si, au lieu d'un courant d'air continu, on fait passer un courant d'air qui a traversé un diapason à anche, on obtient les groupes caractéristiques des voyelles, la note du diapason étant toujours représentée par le nombre de groupes ; mais ces groupements restent toujours soumis aux lois que j'ai indiquées plus haut.

En résumé, un courant d'air continu devient discontinu en passant à travers la cavité buccale, et ce résonnateur seul suffit pour produire la voyelle chuchotée ; la voyelle devient sonore si le courant d'air a traversé le larynx.

b) *Ventricules de Morgagni*. — Cherchons maintenant le rôle des ventricules de Morgagni. Je les ai fait construire en suivant exactement les dimensions indiquées par Sappey.

Pour éviter toute cause d'erreur, la membrane de la capsule manométrique était directement au contact de l'air extérieur.

Le diapason la_3, qui donne 435 flammes simples à la seconde, donnait, après le passage de l'air à travers les ventricules, 435 groupes de 3 flammes ; donc la note restait la même, mais le timbre était profondément modifié ; les groupes restaient de trois flammes différentes des premières si un ventricule était supprimé ; mais, si les deux étaient bouchés de manière à laisser les cordes vocales supérieures seules, on obtenait 435 groupes de 2 flammes.

En résumé, les ventricules modifient profondément le tracé du diapason ; mais, comme le veut Guillemin, ils ne peuvent pas engendror seuls la voyelle; tout au plus pourrait-on dire que c'est à leur forme qu'est dû le timbre spécial de chaque voix.

c) *Cordes vocales inférieures*[1]. — Je les ai remplacées par une sirène mise en mouvement au moyen d'une courroie sans fin et d'une dynamo (110 volts, 0,7 ampère). Le plateau inférieur était percé d'une seule fente triangulaire, représentant l'espace inter-glottique (*fig.* 31 et 32); le plateau supérieur était percé de fentes égales et dirigées suivant les rayons du disque mobile; ce plateau était renfermé dans une petite caisse cylindrique, de hauteur négligeable, et l'air s'échappait par un tube perpendiculaire et placé au-dessus de la fente fixe.

Pour reproduire A, il suffit d'avoir trois fentes ouvertes (*fig.* 38), séparées par une fente fermée, de manière à obtenir un groupement de trois vibrations; le nombre total de vibrations représente la vocable, le nombre de groupes de trois représente la note fondamentale, le tracé l'indique très nettement; si l'on place au-dessus du tube un des moulages en plâtre correspondant à A, la voyelle est beaucoup plus parfaite, mais il faut que la note de ce résonnateur soit à l'unisson avec la vocable, c'est-à-dire avec la somme des vibrations du larynx; s'il n'en est pas ainsi, la voyelle est encore perçue; mais ce n'est plus le même A, et le tracé, tout en conservant ses parties fondamentales, est modifié.

Pour obtenir É et O (*fig.* 36 et 37), il faut que les fentes du plateau mobile soient réunies par groupes de deux, séparés par une fente bouchée; pour passer de É à O, on doit modifier la fente fixe; cette fente est très large pour O et très étroite pour É. Les tracés sont les mêmes qu'avec les voyelles naturelles, et les conditions sont les mêmes que pour A, c'est-à-dire que la note est représentée par le nombre de groupes et la vocable par le nombre total de vibrations.

Pour obtenir I et OU (*fig.* 34 et 35), il faut que toutes les fentes soient ouvertes sans intervalle; mais, pour passer d'une voyelle à l'autre, il faut faire varier la largeur de la fente, qui est large pour OU, étroite pour I.

Cette synthèse complète de toutes les voyelles constatées, non seulement par l'oreille, mais par leurs tracés, permet donc d'établir la théorie suivante :

Pour former une voyelle, les cordes vocales inférieures vibrent

---

[1] *Conférences à la Sorbonne*, 1900.

dans un plan horizontal, de manière à empêcher par leur rapprochement la sortie de l'air. S'il y a un groupe de trois vibrations, séparé par un repos du groupe suivant, on a fatalement un A, *quelle que soit la note.*

Le résonnateur buccal se met à l'unisson de la somme des vibrations et la voyelle est bien émise. Autrement dit, si A est émis sur la note n, il faut que le résonnateur donne le troisième harmonique de cette note ; sinon, la voyelle existe encore, mais elle est modifiée. Pour É et O, il faut que les résonnateurs donnent le deuxième harmonique ; pour passer d'une voyelle à l'autre, il suffit de changer la largeur de la fente glottique.

Pour I et OU, il faut que le résonnateur soit à l'unisson de la note laryngienne ; pour passer d'une voyelle à l'autre, on doit changer l'espace inter-glottique : le résonnateur buccal pour OU étant sur une note basse, OU est meilleur sur les notes basses ; pour la même raison, I est meilleur sur les notes aiguës.

Tracés des voyelles synthétiques. — J'ai obtenu avec les capsules manométriques les tracés des voyelles synthétiques.

La sirène, quand elle est seule, donne des tracés à une flamme (I, OU), à deux flammes (É, O), à trois flammes (A) (*fig.* 39).

Si l'on ajoute les moulages en plâtre représentant la cavité buccale (*fig.* 40, 41), les groupements sont beaucoup plus nets, et ils acquièrent leur perfection lorsqu'on se trouve exactement dans les conditions énoncées plus haut ; je les rappelle :

Pour A, si la note fondamentale est n, il faut que le résonnateur buccal donne la note $3n$.

Pour É et O, si la note fondamentale est n', il faut que le résonnateur buccal donne la note $2n'$.

Enfin pour I et OU il faut que le résonnateur soit à l'unisson.

S'il n'en est pas ainsi, la voyelle est encore perçue par l'oreille, mais son tracé est profondément modifié ; par exemple, si la sirène donne la voyelle A et si le plâtre correspond à la voyelle OU, on entend un A modifié (*fig.* 42), mais on a des groupements de quatre flammes.

D'une façon générale, on peut reconnaître la voyelle émise par la sirène, quelle que soit la forme de la cavité buccale qui est au-dessus, mais la voyelle n'a plus le même tracé et ne produit pas la même impression sur l'oreille.

Ceci confirme absolument l'opinion du professeur de chant M. Lefort, qui disait qu'une voyelle mal émise était une voyelle pour laquelle la bouche n'avait pas la forme voulue; nous insisterons sur ce point dans les applications.

Autres voyelles. — Il est évident qu'il y a une infinité de voyelles différentes; celles que nous avons étudiées, OU, O, A, É, I, ne forment qu'un cadre dans lequel les autres peuvent trouver place.

Les autres voyelles dépendent des différentes formes que peuvent prendre les résonnateurs supra-laryngiens; il est évident qu'un A laryngien émis sur la note $ré_3$ ne produira pas la même impression sur l'oreille, si les vibrations traversent des résonnateurs donnant la note $si♭_1$ ou $si♭_2$; dans le premier cas on a un tracé à trois périodes, dans le second un tracé à quatre périodes; l'impression sur l'oreille ne doit donc pas être la même.

Quant au timbre spécial à chaque voix, il dépend probablement de la largeur de la fente glottique, de la tension des cordes vocales, de leur largeur, du volume des ventricules de Morgagni, quantités essentiellement variables, non seulement avec chaque individu, mais encore avec l'état actuel de ses muqueuses.

Définition. — *Les voyelles sont dues à une vibration aéro-laryngienne intermittente, renforcée par la cavité buccale et produisant OU, O, A, É, I, lorsque celle-ci se met à l'unisson avec la somme des vibrations; transformée par elle, et donnant naissance aux autres voyelles, lorsque cet unisson n'existe pas; le nombre des intermittences donne la note fondamentale sur laquelle la voyelle est émise.*

Si la cavité buccale fonctionne seule, on a la voyelle chuchotée.
Si le larynx fonctionne seul, on a la voyelle chantée.
Si les deux fonctionnent en même temps, on a la voyelle parlée.

V

APPAREILS VOCAL ET AUDITIF

Il s'agit de voir si ces expériences ne se trouvent pas en contradiction avec les dispositions anatomiques du larynx et de l'oreille.

1° Le larynx. — Tous les muscles intrinsèques du larynx, sauf deux, sont des adducteurs, c'est-à-dire qu'ils tendent à rétrécir plus ou moins l'espace compris entre les cordes vocales à travers lequel l'air s'échappe; ces muscles sont : 1° les deux *crico-thyroïdiens*, innervés par la branche externe du laryngé supérieur, branche du nerf vague (*fig.* 43);

2° Les deux *crico-aryténoïdiens* latéraux ;

3° L'*ary-aryténoïdien*, dont les fibres ont trois directions différentes, ce qui pourrait le faire considérer comme un triple muscle;

4° Les deux *thyro-aryténoïdiens*, qui bordent les cordes vocales supérieures et inférieures.

Ces neuf muscles sont des adducteurs, et, sauf les deux premiers, ils sont sous la dépendance du laryngé inférieur ou nerf récurrent.

Les deux seuls muscles, qui tendent à ouvrir la glotte et soient des abducteurs, sont les deux crico-aryténoïdiens postérieurs.

Cette disposition anatomique se comprend facilement si on se rappelle qu'à l'état de repos la glotte est largement ouverte, tandis que, dans la phonation ou le chant, elle est plus ou moins fermée ; à la période de repos correspondent deux muscles, à la période de travail neuf muscles ; tous tendent à rétrécir plus ou moins l'espace glottique et à lui donner des formes différentes correspondant aux différentes voyelles.

Quant à la cavité buccale, elle peut renforcer tous les sons compris dans l'étendue de quatre octaves ; on peut ainsi obtenir une infinité de voyelles différentes en combinant les vibrations du larynx avec celles du résonnateur buccal.

Les expériences de synthèse ne sont donc pas en contradiction avec la disposition anatomique du larynx et des cavités supra-laryngiennes.

2° **Oreille.** — Voyons maintenant ce que l'oreille inscrit. Les expériences ont été faites par M. Samojloff au laboratoire de Kœnigsberg.

Ce savant a opéré avec une méthode excessivement élégante : il a remplacé la capsule manométrique par l'oreille moyenne, le tympan est la membrane vibrante. Il opère de la façon suivante.

Au moyen d'une sonde bifurquée, il fait passer un courant de gaz d'éclairage rendu photogénique dans la trompe d'Eustache et l'oreille moyenne d'un chien.

L'extrémité libre de la sonde est recourbée et effilée ; on allume le gaz et l'on photographie la flamme sur une plaque mobile ; les résultats sont les mêmes que ceux obtenus par moi au moyen des capsules de Kœnig et de l'acétylène. Il suffit, pour s'en convaincre, de comparer les figures ci-jointes (*fig.* 22).

Le tympan agit donc comme une capsule manométrique et les impressions sont identiques.

Mes expériences ne sont donc pas en contradiction avec la disposition anatomique de l'oreille.

VI

APPLICATIONS

1° On pourrait modifier comme je viens de l'indiquer les *sirènes des navires*, et l'on obtiendrait des signaux différents, ce qui permettrait un alphabet international.

2° On pourrait former un *acoumètre type* avec une sirène construite dans des conditions déterminées et donnant un A sur une note n avec un courant d'air de pression h; le résonnateur donnerait la note $3n$.

3° Les *cornets acoustiques ordinaires* fatiguent l'oreille parce qu'ils modifient les groupements que l'oreille est destinée normalement à recevoir.

4° D'après Lefort, on peut *chanter* n'importe quelle voyelle sur n'importe quelle note comprise dans le registre de la voix, à la condition de bien émettre la voyelle, c'est-à-dire de donner à la cavité buccale la forme voulue. Nous avons vu en effet que pour A il faut que la cavité renforce le troisième harmonique supérieur de la note ; pour É et O, le deuxième harmonique supérieur; pour I et OU, il faut que la cavité buccale soit à l'unisson avec la note. S'il n'en est pas ainsi, la cavité buccale transforme le tracé de la voyelle, et l'impression qu'elle produit sur l'oreille (*fig.* 32) : on *chante mal*, parce que la voyelle est mal émise; on *chante faux*, lorsque les périodes laryngiennes ne se suivent pas régulièrement; par exemple, pour A, lorsque de n en n périodes il y a une vibration simple. Il est très facile de faire chanter faux la sirène, en bouchant un ou deux trous d'un groupe du plateau mobile.

De toutes les méthodes de chant celle de ce professeur me semble la plus scientifique, et Lefort a eu le mérite de découvrir, il y a quinze ans, par la pratique, une vérité que les expériences scientifiques ont vérifiée plus tard.

5° Les *sourds-muets*, au début de leur éducation, prononcent chaque voyelle sur une note différente, très grave pour OU, de plus en plus aiguë pour les voyelles suivantes O, A, É, I. Ceci tient simplement à la façon dont on leur apprend à parler ; pour OU, par exemple, on fait donner à leur cavité buccale une forme type voisine de $si\flat_2$, naturellement ils se mettent à l'unisson et donnent une note grave.

Au contraire, pour I, leur résonnateur buccal renforce une note aiguë, alors ils émettent I sur une note aiguë.

6° Il arrive souvent que l'on est pris d'une *aphonie subite ;* il n'y a aucune lésion apparente, sauf un peu de rougeur au niveau de la région interaryténoïdienne ; ceci s'explique, si l'on se rappelle que les muscles interaryténoïdiens sont des adducteurs ; par conséquent, l'adduction se faisant mal, la phonation n'existe plus.

7° Il y a un grand nombre d'autres *applications médicales*, qui ne sauraient trouver place dans ce travail.

PRINCIPAUX OUVRAGES DU MÊME AUTEUR

Anatomie descriptive du sympathique thoracique des oiseaux (Médaille de la Faculté de Paris), in-8° de 68 p. avec fig. (Davy, édit.), Paris, 1887.
Anatomie et histologie du sympathique des oiseaux, in-8° de 72 p. avec fig. et pl. en couleurs (Masson, éd.), Paris, 1889.
Questions de physique, 3ᵉ édit., in-18 de 136 p. avec fig. (Masson, éd.), Paris, 1895.
Memento d'histoire naturelle, in-18 de 216 p. avec 102 fig. (Masson, éd.), Paris, 1891.
Note sur un nouveau sphygmographe (récompensé par la Faculté de médecine) (1889).
Électricité médicale et galvanocaustie (1890).
Traitement par la résorcine en solution concentrée de l'hypertrophie du tissu lymphoïde pharyngien, 1892 (Masson, éd.).
Utilité des injections de liquide VAN SWIETEN dans le tissu des tumeurs d'aspect cancéreux.
Stéthoscope à renforcement.
Traitement de la diphtérie, in-8° de 40 p. (1894).
Traitement médical des tumeurs adénoïdes, in-8° de 35 p. avec fig., Paris, 1895. (Masson, éd.) (*Académie de médecine.*)
Les divers traitements de l'hypertrophie des amygdales, Paris, 1896. (Masson, éd.)
Serre-nœud électrique automatique et pince à forcipressure pour la région amygdalienne (récompensé par la Faculté de médecine), Paris, 1895. (Masson, éd.)
Note sur un nouveau cornet acoustique servant en même temps de masseur du tympan, 1897. (Masson, éd.)
Étude des cornets acoustiques par la photographie des flammes de Kœnig, 11 planches (récompensé par la Faculté et par l'Académie de médecine), Paris, 1897. (Masson, éd.)
Étude des voyelles par la photographie, 2 planches et 4 fig., Paris, 1898. (Masson, éd.)
Comment parlent les phonographes. Cosmos, 1898. (*Vie scientifique.*)
La voix des sourds-muets. (*Académie de médecine*, 5 avril 1898.)
Résumé des conférences faites à la Sorbonne sur les voyelles.
Exercices acoustiques chez les sourds-muets.
Traitement de la surdité par le massage. (*Société de Biologie.*)
La méthode graphique dans l'étude des voyelles. (*Institut.*)
Synthèse des voyelles. (*Institut.*)
Les phonographes et l'étude des voyelles, in-8° de 19 p. avec 19 fig.
Rôle de la cavité buccale et des ventricules de Morgagni dans la phonation. (*Société de Biologie.*)
Rôle de l'arthritisme dans la pharyngite granuleuse (*Académie de Médecine*), 1899.

FIGURES

APPAREILS GRAPHIQUES ORDINAIRES

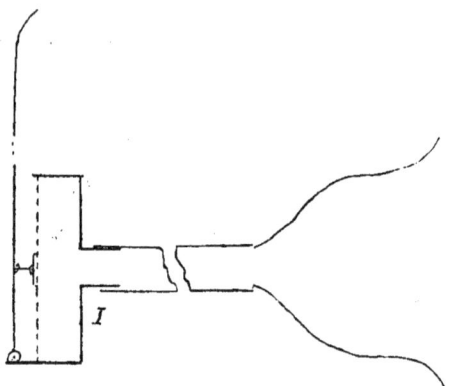

Fig. 1. — Appareil graphique à levier ordinaire.

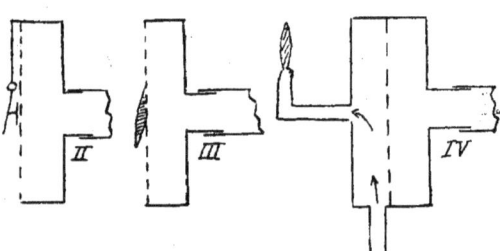

Fig. 2. — Appareils graphiques à levier modifié.

II, levier remplacé par un miroir et un rayon lumineux ;
III, levier remplacé par un style (phonographe) ;
IV, levier remplacé par une flamme (capsule manométrique).

INFLUENCE DE L'EMBOUCHURE

Grossissement : 5 diamètres

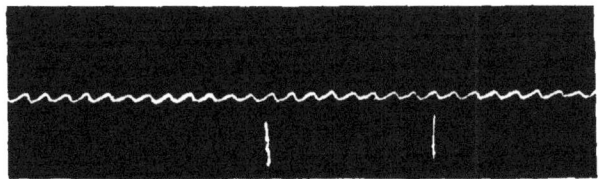

Fig. 3. — La$_3$ sans embouchure (870).

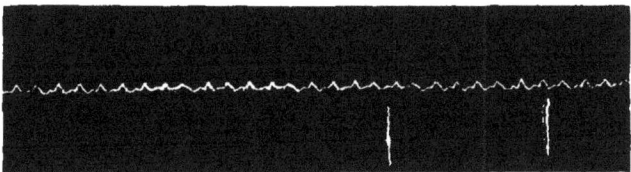

Fig. 4. — La$_3$ avec embouchure (870).
La note est représentée par le nombre de groupes.

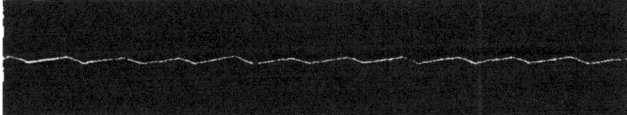

Fig. 5. — OU.

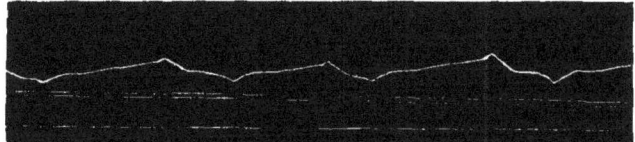

Fig. 6. — O.

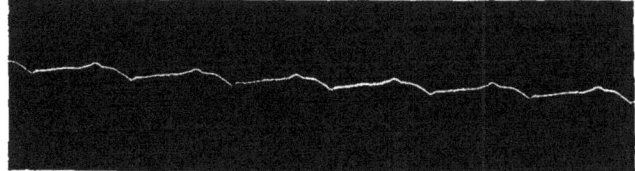

Fig. 7. — A.
OU, O, A avec une embouchure. (Comparer avec la figure 18.)

INFLUENCE DU TUBE

Grossissement : 10 diamètres

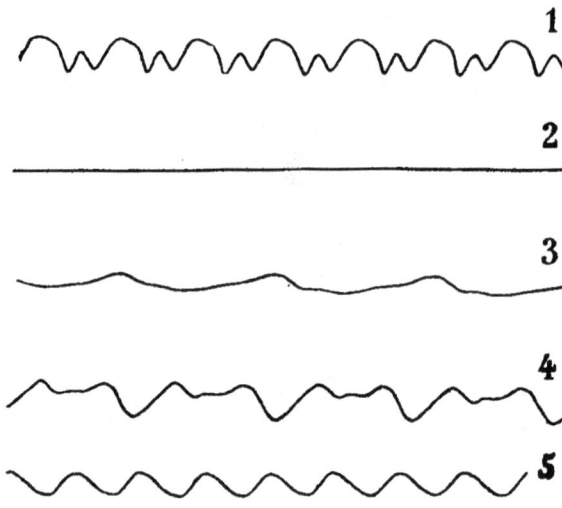

Fig. 8. — La₃ avec un tube de plus en plus court.

1 La₃ avec un tube de 0ᵐ,60 de longueur.
2   »   0ᵐ,30   »
3   »   0ᵐ,15   »
4   »   0ᵐ,075   »
5 Sans tube (870 vibrations simples).

La hauteur et le timbre du son se trouvent donc changés.

INFLUENCE DU LEVIER

Grossissement : 5 diamètres

Fig. 9. — La$_3$, 45 vibrations (levier : 0^m,09 de long).
On retrouve 870 vibrations en faisant la somme des vibrations partielles.

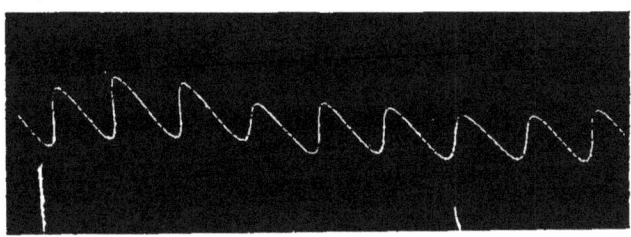

Fig. 10. — La$_3$, 50 vibrations (levier : 0^m,06 de long).
On retrouve 870 vibrations en faisant la somme des vibrations partielles.
Si on annule l'influence du levier, on obtient la figure 15.

Fig. 11. — Tracé de O avec un levier donnant les vibrations propres (non grossi).
(Le tracé, à cause de sa longueur, a été coupé en deux parties.)
Les vibrations partielles, très visibles au microscope sur l'original, sont beaucoup moins apparentes sur le cliché.

APPAREILS GRAPHIQUES MODIFIÉS

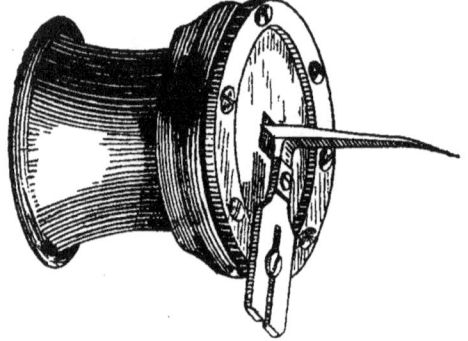

FIG. 12. — Appareil inscripteur de Schneebeli.

Dans l'appareil de Samojloff, le levier est remplacé par un miroir, et l'embouchure est un tronc de cône.

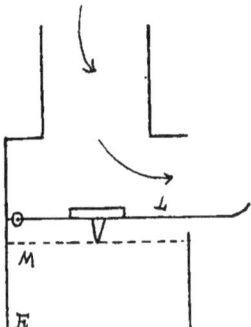

FIG. 13. — Appareil graphique dont les vibrations du levier L sont amorties ; l'embouchure, le tube et la chambre à air sont supprimés ; on laisse soit un bout de tube ME de $0^m,03$ de longueur en moyenne, soit un tronc de cône comme dans la figure suivante.

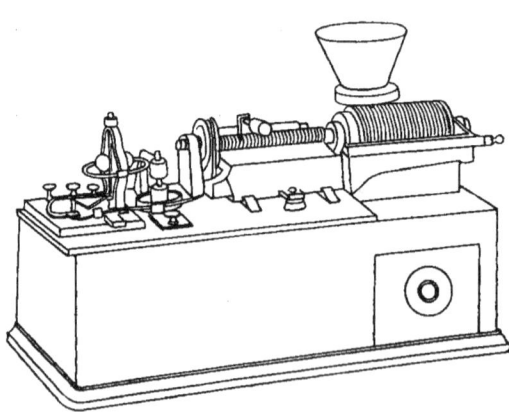

FIG. 14. — Phonographe modifié.

Le cylindre se déplace sur la vis. Ni tube ni chambre à air : embouchure en tronc de cône de hauteur très faible par rapport aux bases.

EXPÉRIENCES D'ANALYSE

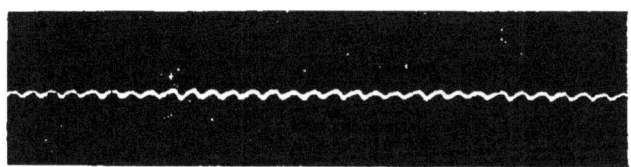

Fig. 15. — La$_3$, 870 vibrations (levier de 0^m,04 à vibrations amorties).

Fig. 16. — A la partie supérieure, flamme chronométrique vibrant à $\frac{1}{54}$ de seconde; en bas, diapason à anche la$_3$.

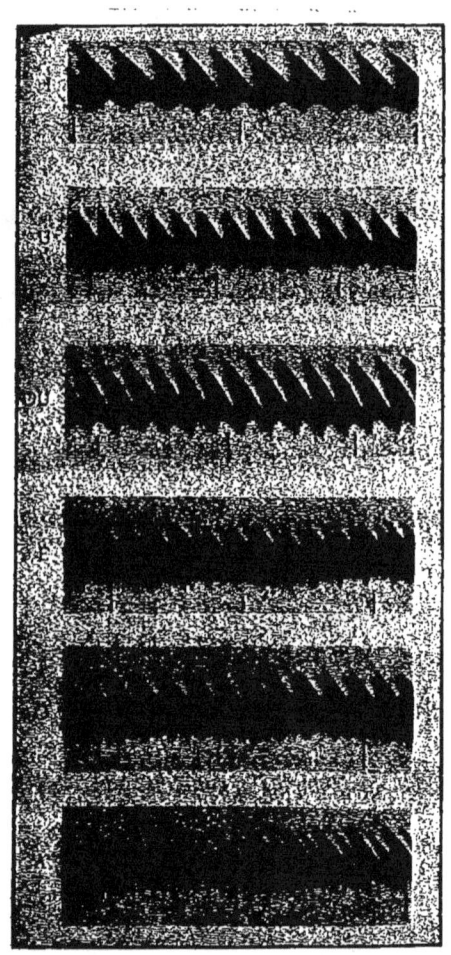

Fig. 17. — Flammes caractéristiques des voyelles (les causes d'erreur étant supprimées). (Distance des traits : $\frac{1}{54}$ de seconde.)

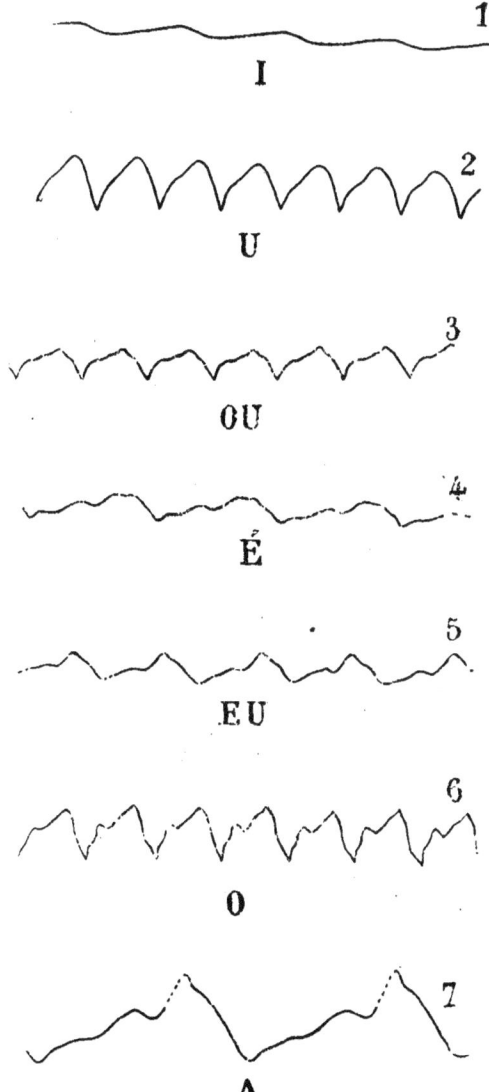

Fig. 18. — Tracés des voyelles (les causes d'erreur étant supprimées). Grossissement : 5 diamètres.

— 34 —

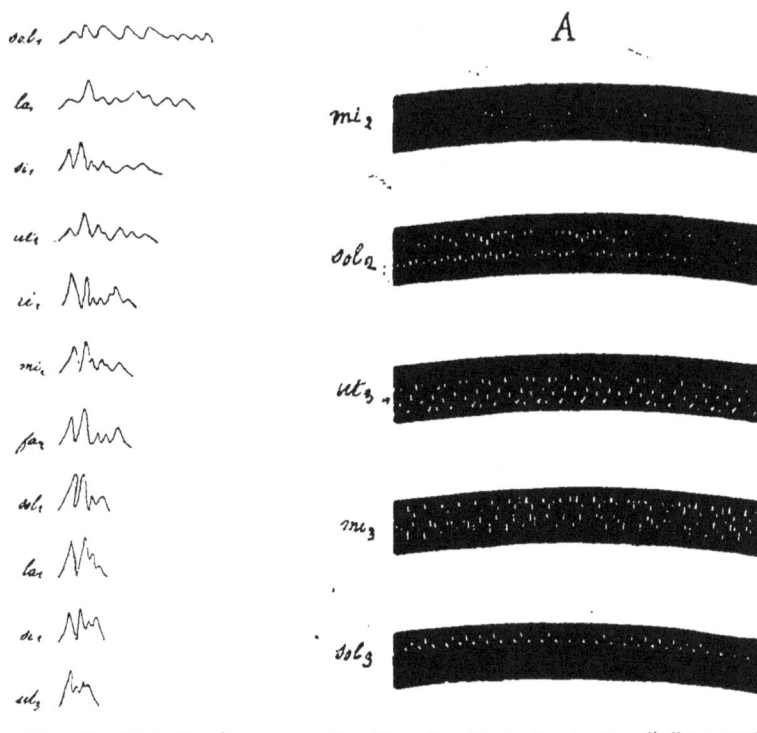

Fig. 19. — Voyelle A, d'après Hermann. (Phonographe.)

Fig. 20. — Voyelle A, d'après Samojloff (appareil fig. 3). Pour les notes ut₁, mi₂, sol₃, les groupements à trois périodes sont très nets.

Fig. 21. — Voyelle A, d'après Hermann (note mi₃).

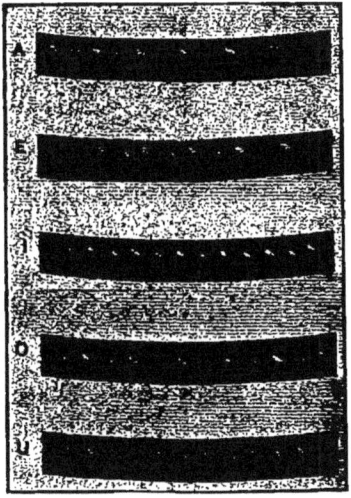

Fig. 22. — Flammes des voyelles, l'oreille moyenne d'un chien servant de capsule manométrique (Samojloff).

(Comparer avec la figure 17; U est le OU allemand.)

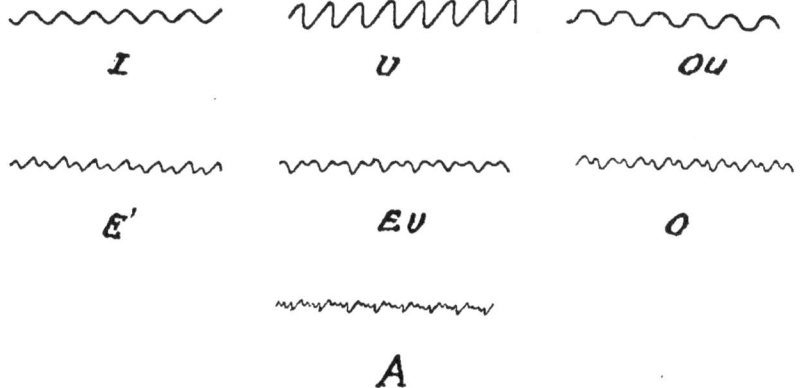

Fig. 23. — Tracé des voyelles d'après Schneebeli. (Comparer avec la figure 18.)

— 36 —

VOYELLES PARLÉES ET CHANTÉES (Phonographe)

Grossissement : 5 diamètres

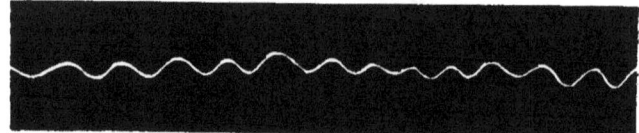

Fig. 24. — É chanté.

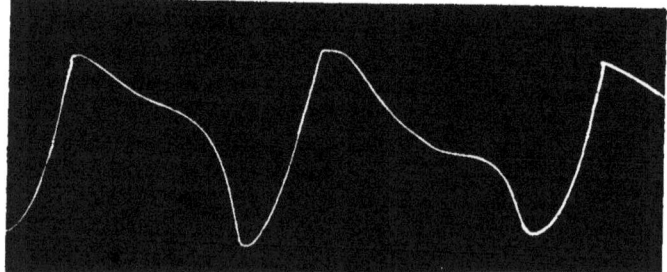

Fig. 25. — É parlé.

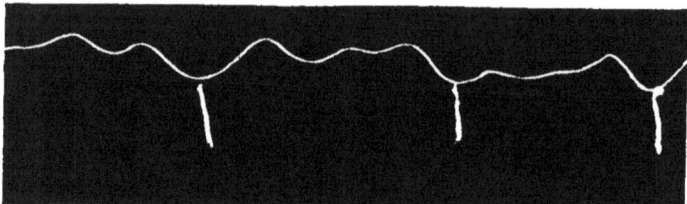

Fig. 26. — A chanté.

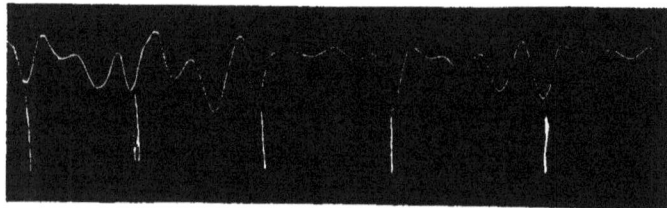

Fig. 27. — A parlé.

EXPÉRIENCES DE SYNTHÈSE

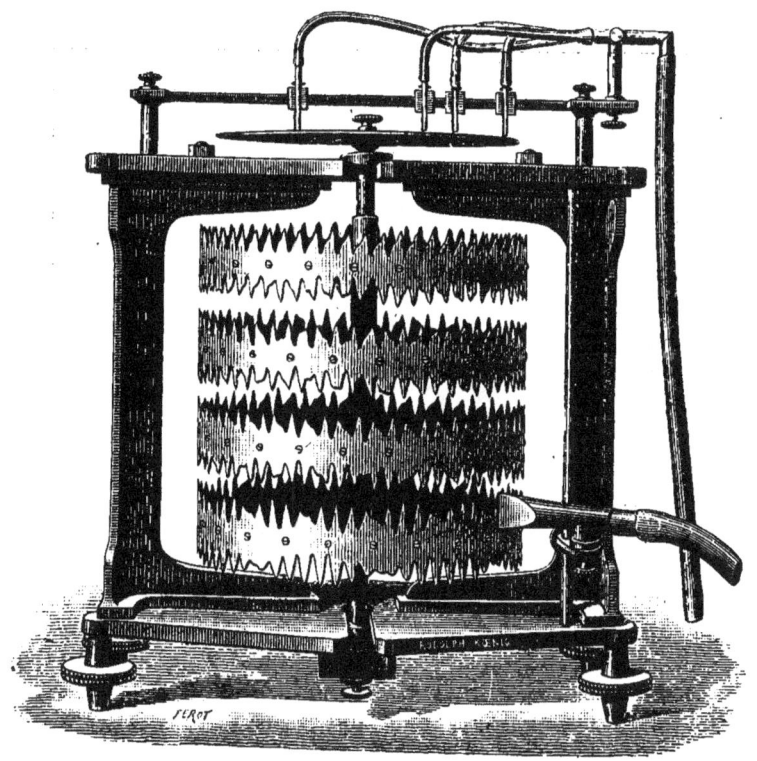

Fig. 28. — Sirène à ondes.

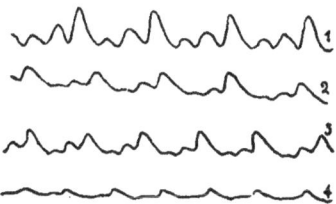

Fig. 29. — A *synthétique* (grossissement : 5 diamètres).
Pris un peu après le début (1); au milieu (2, 3); à la fin (4) du tracé.
(Se lit de droite à gauche.)
La vitesse du cylindre va en diminuant.

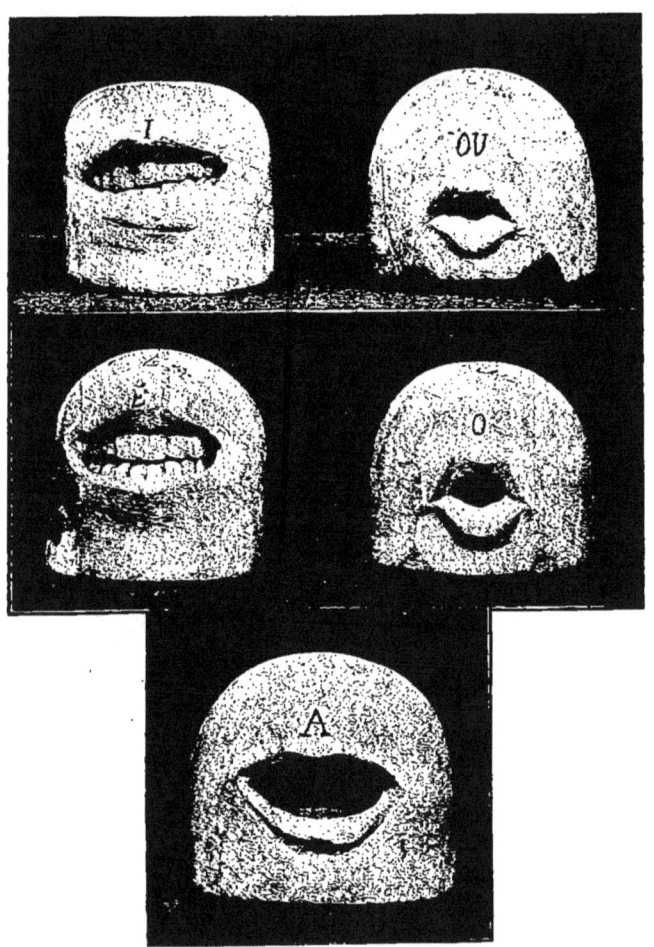

Fig. 30. — Moulages de la cavité buccale prononçant une voyelle et donnant, par courant d'air continu, la voyelle *chuchotée*.

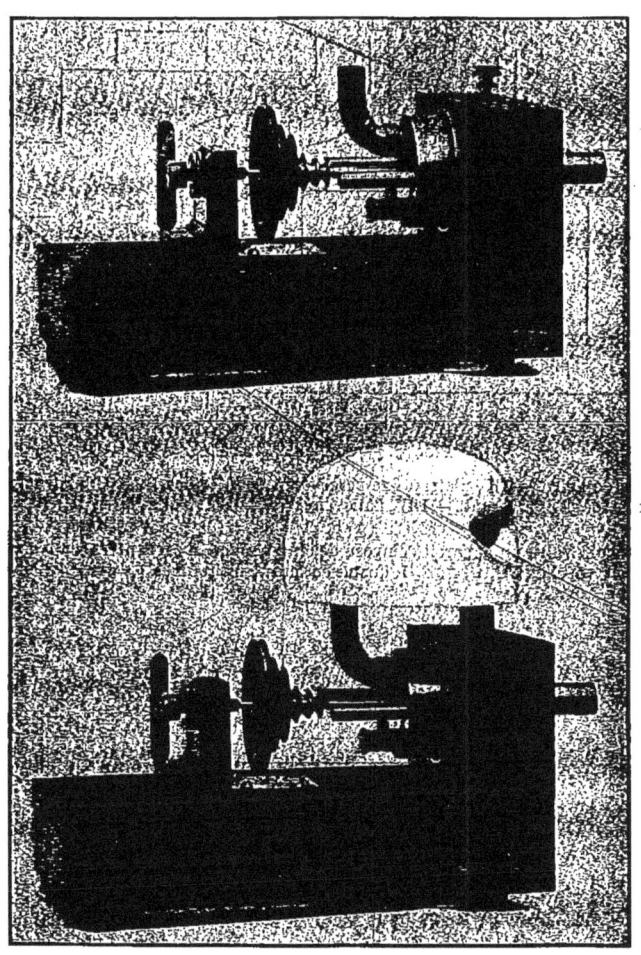

Fig. 31. — Sirène donnant : en haut, la voyelle *chantée* ;
En bas, la voyelle *parlée*, lorsque l'air vibrant traverse un moulage.

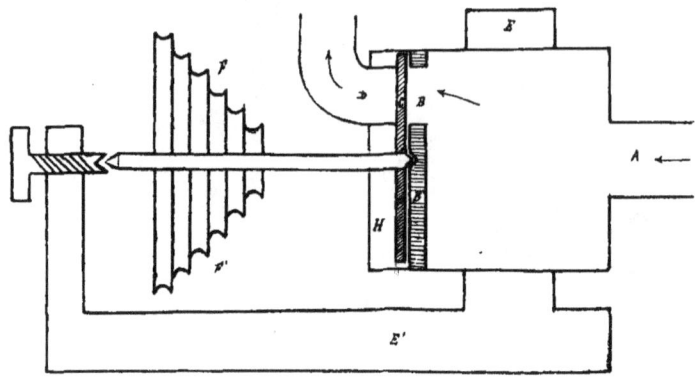

Fig. 32. — Coupe de la sirène.

A, arrivée de l'air. — BB', plateau fixe percé d'un seul orifice B. — C, plateau mobile. — D, sortie de l'air vibrant. — EE', bâtis en bois. — FF', poulies. — H, chambre à air pouvant s'enlever.

J'ai fait construire un appareil composé de cinq sirènes, marchant ensemble et donnant chacune des voyelles OU, O, A, É, I, quand on tourne un robinet.

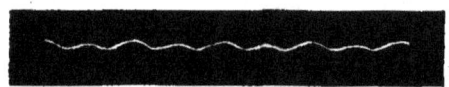

Fig. 33. — Tracé de la voyelle synthétique O.

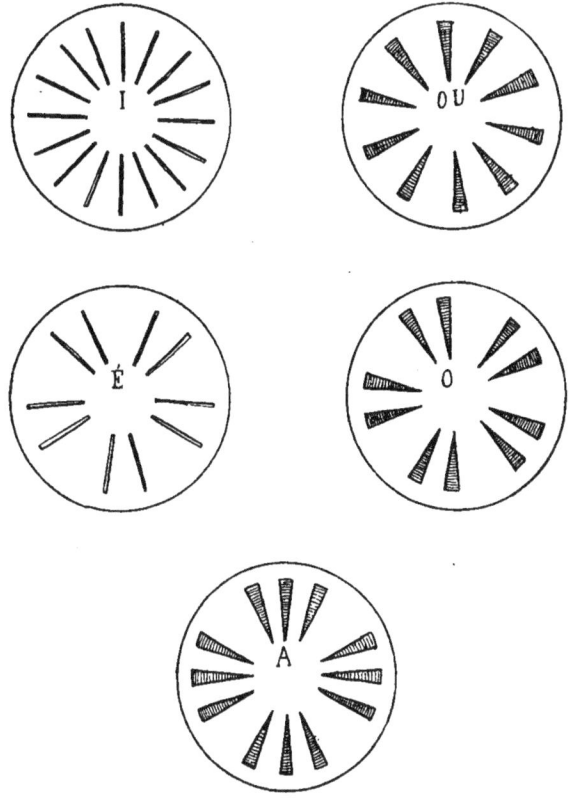

Fig. 34, 35, 36, 37, 38. — Plateaux mobiles donnant les différentes voyelles chantées.

DISTANCE MAXIMA A LAQUELLE ON ENTEND UNE VOYELLE (WOLF)

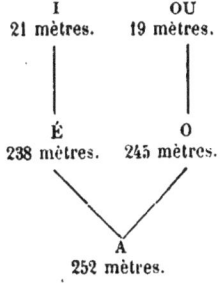

FLAMMES DES VOYELLES SYNTHÉTIQUES

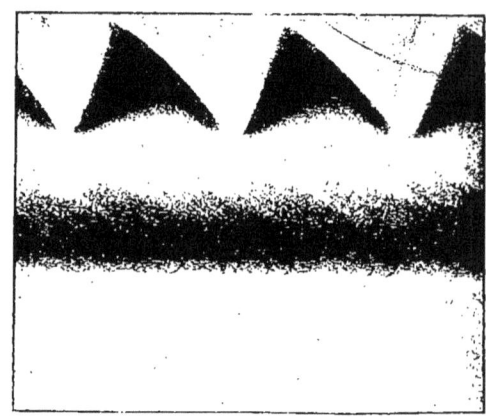

Fig. 39. — Flamme de A avec la sirène seule, note a'; groupements peu nets (voyelle chantée).

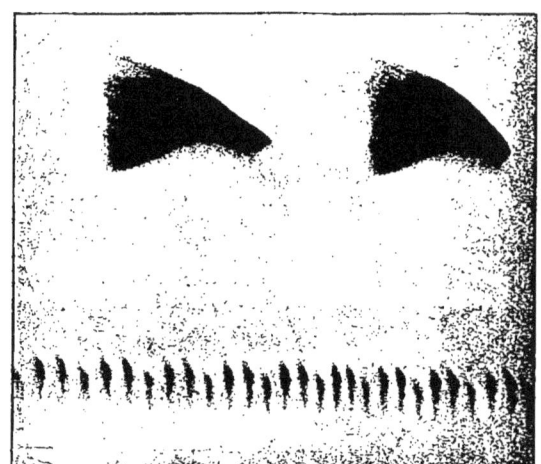

Fig. 40. — Flamme de A avec sirène sur la note a' et résonnateur donnant exactement la note $3a'$; groupements très nets (voyelle très bien parlée). (Comparer avec la figure 29.)

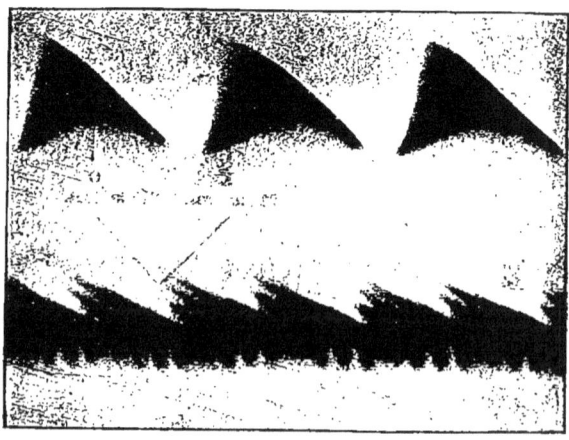

Fig. 41. — Flamme de A avec sirène sur la note a', et moulage donnant une note voisine de $3a'$; groupements moins nets (voyelle moins bien parlée).

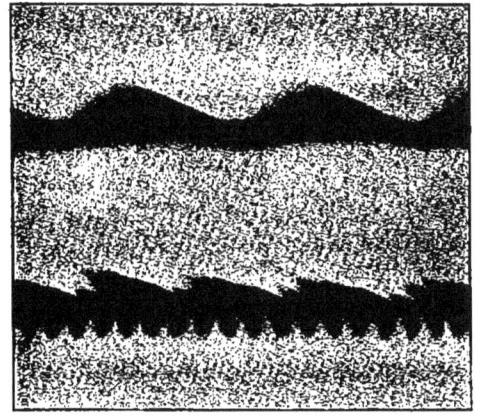

Fig. 42. — Flamme de A avec sirène donnant la note *u*, et moulage correspondant à la voyelle OU. (Voyelle très mal parlée, tenant de A et de OU.)

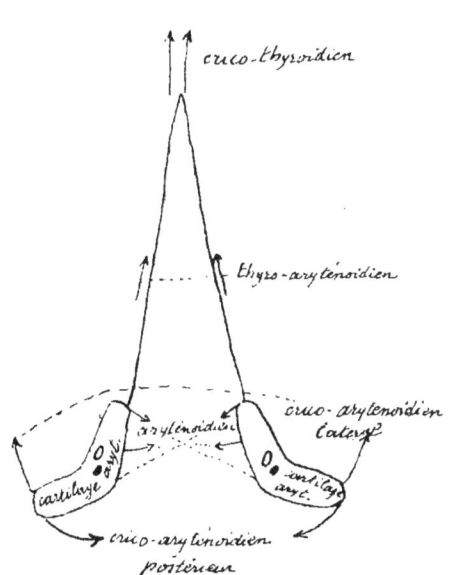

Fig. 43. — Action des muscles intrinsèques du larynx.
O, point fixe du levier représenté par le cartilage aryténoïde.

TOURS

IMPRIMERIE DESLIS FRÈRES, RUE GAMBETTA, 6

www.ingramcontent.com/pod-product-compliance
Lightning Source LLC
Chambersburg PA
CBHW060951050426
42453CB00009B/1146